JN410486

바람에 날려도

김 건 중

바람에 날려도

김 건 중

동행

■ 시집 앞에

부끄럽지만 당당하게

소설가면 소설이나 쓰지 시집 발간은 무엇이냐는 소릴 들을 것 같다.

하지만 이미 2000년에 첫 시집 「가끔, 소설가도 시를 쓰고 싶다」를 출간하였으니 별로 이상한 일도 아니다. 시집뿐만 아니라 그간 산문집도 네 권을 출간하여 장르를 불문하고 글을 써온 셈이다.

글을 쓰면서 늘 생각하는 것은 창작을 통해 지성보다는 인성을, 이성보다는 감성을 키우고 싶었다.

무엇이 되었건 먼 후일 모두 부질없는 짓으로 평가 받을지도 모르지만 나로서는 소중한 내 영역의 역사라 믿어 나에게 이 부질없는 것을 남긴다.

그동안 살아오면서 큰 대과 없이 세월을 보낸 것은 어쩌면 세상과 모든 것이 헛된 싸움이라 여겨 크게 욕심을 내지 않고 순리대로 살아왔기 때문이라 생각된다. 이런 생각들이 담긴 나의 시가 독자에게 허무주의에 빠졌다는 인식을 줄까 염려스럽다.

그러나 나는 허무주의자가 아니라 인간의 삶과 세상의 순리와 이치를 솔직히 말하고 싶었다. 그리고 이렇게 시를 쓰는 이유는 소설의 그릇에 담을 수 없는 마음의 편린을 시라는 알맞은 그릇에 담았을 뿐이다.

어쨌거나 서투른 시집을 상재하는 마음 부끄럽지만 당당하고 싶다.

2021년 초가을 저자

목 차

제 1부 사랑 앞에서

제2부 문학의 뜰

제3부 산다는 것

1부

사랑 앞에서

사랑 · 1

사랑은
무한한 꿈이다

그리고
이 세상에서
가장
아름다운 꿈이다

그러나
잡히지 않는
꿈이기도 하다

사랑 · 2

시인이
아니더라도
나는 매일
시도 쓰고 꿈도 꾼다

써놓은 시는
낭만주의자와
허무주의자의
인생 이야기지만
꿈을 꾸는 것은
늘
사랑
그것이다

사랑 · 3

변하는 것은
사랑이 아니다

불변 원칙의
사랑은
변하는 것이 아니고
조금씩 조금씩
그렇게 익어가다가
터져 버리는 것이지
변하는 것은 아니다

변하는 것은
사랑이 아니고
사랑으로 착각했던
생각인 것이다

그리움 · 1

엊그제 다녀간
그 녀석 얼굴이
시울에 어른거린다

금세라도 나타나
배시시 웃을 것만 같은
그 녀석 모습이
자꾸 자꾸 아롱거려
꿈길에서도
눈에 걸린다

그리움 · 2

세월 밑바닥에 가라앉아
기억조차 희미한
아니 떠올리려고 해도
기억되지 않는 그 모습이
자꾸 떠올려지는 걸까

몹시도 보고 싶은데
안타까운 건
그려지지도 않는 모습이다

그만큼 세월은
내 기억까지도
흔들어버린 무서운
아주 무서운 존재다

그리움 · 3

낡은 시간 속에 갇혀 있는
동강난 추억들
이리저리 맞춰 보지만
이미 조각난 추억은
그저 편린으로 남아
안타까움에
그리움만 쌓인다

그리움 · 4

그리워지는 것은
아름답기도 하지만
슬픈 일이다

지나간 일은
기쁘거나 슬프거나
그리워지는 법이다

그러나
그것은 사라지는
준비다

원석

몇 겁의 빛을 받고
이 자리에 돌아왔는지
알 수 없지만
아직도
신비한 빛을 지닌
원석은
가슴을 관통하고
다시 돌아와
뜨겁게
심장에 박힌다

꽃

가깝게 다가서서
냄새를 맡아도
계속 바라보아도
싫증나지 않는

그래서
미루어 짐작해도
더없이 소중함을 느끼는

그것은
내 영혼까지 담고 있는
나의 꽃,
꽃

낙화 앞에서

바라보기만 해도
가슴 설레는 꽃

아름다움에
눈여겨보기도
미안스러운 꽃

어느 날 갑자기
불어 닥친 태풍과
폭우 앞에서
꺾어지다 못해
망가진 꽃 앞에서

안타까움보다는
분노가 파도처럼 일어선다
그러나
……
낙화는 슬픔이었다

고백

울고 있습니다
가슴에 남아있는
티끌만한 찌꺼기 하나도
남기지 않고
모두 울음으로 토했습니다

다시는
그리하지 않겠다던
맹세까지도
울음으로 토해 버렸습니다

나는 지금
깊은 잠 속에 취해 있습니다

미 래

내가 늘 기억하는 건
세상 살며 필요한
돈도 아니고
권력도 아니고
명예도 아니다
그저 포근하게
쉴 수 있는
꿈속이다

약속

약속 앞에서는
누구나 지키는 것이
약속이라고 했다

그러나
깨어진 약속 앞에서는
깨어지는 것이
약속이라고 했다

지키거나
깨어지거나
약속은
어느 한 순간
함께 했던
일치된 마음이었다

소유욕

모든 걸 버리고 싶다
그동안 살면서 얻었던
그 모든 걸 버리고 싶다
돈, 명예, 심지어 사람까지도
버리고 싶다

그건
살기 싫어서가 아니라
더 치열하게 살기 위한
몸부림이다

다만 아름다운 삶과
단 하나
지니고 싶은 것
때문이다

잃어버린 얼굴

문득, 가끔씩 떠오르는 얼굴
구름 속에 가려있어
누군지 알 수 없는 얼굴
가만히 살펴 생각하니
내 어릴 적 모습
그 모습
다시 떠올리니
부끄러운 생각이 든다

시간

정월 달력 걸어놓고
새해 다짐하고 돌아서니
섣달 달력이 보인다

그토록 잡아도 서지 않고
아껴 두었던 세월도
속절없이 내놓아야 하는
무섭기 이를 데 없는

미치도록 사랑했던
순간들도 모두 앗아가며
두려움과
삶을 가르치다가
결국
다시 또 새로움으로
옷을 갈아입는다

상실

머리부터 발끝까지
세월에게 빼앗기고 있다

머리는
하얗게 바래고
얼굴은
검버섯이 피어나고
허리는
구부러지고
다리는
절고 저는 아픔

세월 앞에서
속절없이 무너지고
빼앗기고 있다

가출 고양이

집 없는
고양이 한 마리가
쓰레기 봉지 속
생선냄새에
코를 박고 뒤지고 있다

엉클어진 뼈다귀
입에 물고
줄행랑 놓는
고양이 뒷모습이
눈에 아른거린다

김씨 할아버지

올해 여든네 살 김씨 할아버지는
한평생 지게로 살아왔는데
지금은 리어카로 살고 있다

해방되던 때는 땔나무하느라 지게를,
6·25전쟁 때는 피난 보따리 때문에 지게를,
5·16부터는 새마을 운동하느라
그리고 남대문 지게꾼으로 살면서
이런 저런 짐꾼이 되어
한평생 지게와 함께 살아왔다

고희가 지나면서
폐지 모으느라 리어카를 끌더니
어느새 십오 년을 리어카와 산다
그래도 지게에서 리어카로 발전은 했으나
생활은 늘 그게 그거

그러나 단 한 번도 누굴 욕하거나
그 어떤 물건을 훔치거나
이웃과 싸우거나
그런 일 한번 없었다

마뜩찮거나 아니면 심기가 불편해도
그저 담배연기 길게 내뿜으며
다시 리어카를 끌고 가는 게 전부다

성묘

가슴만큼 높던
아버님 묘 봉분이
35년 세월에 깎인
앉은뱅이가 되어
나를 노려본다

1968년 정월 열사흘날 밤
자정을 넘기기 무섭게
바튼 헛기침 몇 번 토한 후
45세에 이승을 멀리한 당신은

당신 스스로 말했듯이
"누구나 때가 되면 죽는 법이다"
이 풍진 세상
그래도 살아있음이 좋은 걸
몰라서도 아닐 테고
어찌 그리 짧게 살다 가셨는지,

액운이 없다는 윤이월에
서둘러 서둘러
사초를 하니

다시 가슴만큼 높아진
아버님 묘 봉분 앞에서

내 자식도
후일 성묘 와서
내 인생을 이리저리 저울질 할까

그나저나
내 인생도 서쪽으로 기우는
햇살처럼 길게 가로눕는데

영정사진 · 1

돌아가신 아버지
사진을 보니

아버지는 하늘도 땅속에도
안 계시고 살아계신다

내 가슴속에 살아서
나를 뜨겁게 사랑하고 있다

영정사진 · 2

풍으로 고생하다
2년 6개월 반신불수로
누워서 살다가
돌아가신 어머니
색 바랜 사진 속에서
미소를 보낸다

어머니는 늘 미소 지으며
사진 속에서
나를 지켜보며 있다
사랑하는 눈빛으로

2부
문학의 뜰

연필

나는 멈추지 않는다

끊임없이 달린다
그 길이 잘못되면
다시 시작해도
멈추지 않고
생명이
다할 때까지 달린다

이것이 내 운명이다

글 쓰는 밤

끄집어 올리는 추억
건져 올린 뭉태기 시간들

헹가래치는 가슴의 물결
옹달샘이 있는
호젓한 산속으로
끝없이 끌고 간다

그러나 차오르는
끊임없는 사색의 편린
가득 차는 괴로움

글을 쓴다는 것

그곳에 무언가 있다는 생각에
50년 세월을 뒤돌아보지 않고
죽자고 땅굴만 팠는데
아직도 그것은 보이질 않고
보이는 건 알 수 없는 유혹뿐이다

잠시 쉬는 틈에
허리를 펴고 주위를 살펴보니
온통 빌딩과 고층 아파트가
에워싼 세상이 되었다

이런데도
계속 땅굴만 파는 것은
바보가 아닐까

그래도
파던 땅굴은 마주 파야겠다

열정

내 가슴속에

숨어

불타는 태양

언제나

살아있다

의식

사람의 존재는
살아있음에 있고

죽음의 존재는
침묵에 있으니

살아있음은
분명,
사람만이 느끼는
감정이다

자유

도저히
내 힘으로는
아무래도
넘기 힘든
높고 높은 벽

그러나
마음은
아니, 꿈속에서는
하늘을 훨훨 날아
그 벽을
훌쩍 넘어
푸른 평야를
날고 있다

자존심

무엇 때문에
다리 하나 사이에 두고
만날 수 없는지

건너지 못하는 건
그저
쓸데없는 고집

세월이 흘러
먼 후일
모두 후회할 일을 두고

나의 꿈

때론, 별도 되고
바람도 되어
날 찾는 님을 위해
그렇게 반짝이며
옷깃으로 스며들어
나누지 못한 말씀을
살며시 풀면서
행복을 박음질하지만
가끔은 슬픔도 삼켜야 하는
그런 순간이 있어
별처럼 바람처럼
멀리서 바람으로
살랑살랑 손짓하는
아름다운 꿈
그리고 그 꿈속에서
잠들고 싶은 또 하나의 꿈

숲 · 1

무성한 숲속에 갇혀
밖을 볼 수도 보지도 못한
그런 사람은
갇힌 사람이다

갇혀 있어도
감미로운 맛
세상의 아름다움과
풍요를 느낄 수 있어도
그건
불행한 사람이다

어느 날
자신을 깨달으면
그때서야
밖을 보려 한다

숲 · 2

풍요의 숲에서
밖을 보지 못하는
사람은 바보다

그 숲에 갇혀
그저 혼자 좋아
웃고 즐기는 사람은
인생의 아름다움을
모르는 바보다

그것을
뒤늦게 깨달았을 때
자신이 그 숲에
갇혔다는 것을 안다

아무리 풍요해도
보지 못하는 사람은
바보다

그 속에는

우주 속에
내가 사는 곳은 모래알
그 모래알 속에는
수많은 사람의
꿈, 사랑, 슬픔이 있고
나도 있지만
내 가슴 속에는
우주만한 세계도 있다

열풍

울어라
울어라
소리쳐도
결코 울지 않는
그래서 망부석으로
서 있는
내 모습은
먼 후일
무엇이 될까
그래도
그림자는 남겠지

바람에 흩날려도

어디
바람에 흩날리는 것이
한 둘이랴
비둘기가 쪼아 먹던
먹이까지도,
심지어 내 가슴에
고여 있는 눈물까지도
바람에 흩날리는데
이제는
아무것도 남아있지 않아
그저 바람소리만 듣고 있는
돌부처가 되어
눈을 감고 있다

희망사항

반짝이던 승용차
형편없이 망가져
찾아간 정비소

시간이 흐르고
다시 반짝이는 승용차

복원된 승용차처럼
새롭게 태어날 수 있다면
아니,
세상사 모두 그랬으면

환상

어느 날
소리 없이 다가온
미래의 꿈이
가슴에 잡힐 듯
아른거려
눈을 감고
잡아보니
그건 꿈이 아니고
아픈 과거에
침몰된 폐선임을
깨달아

다시,
어떤 모습으로
다가올지 모를
미래를 그려보는
어리석음은
아직도
씨앗으로 남아있다

포도

태양빛 받아
잘 영근 까만 포도는
제 몸에 가려 영글지 못한
포도의 아픔을 모른다

쟁반에 받쳐
제 몸이 한 알 한 알
떨어져나갈 때서야
영글지 못한 포도를
부러워하며
그 아픔을 안다

여문 이삭이 되어도

황금들녘
엄숙히 고개 숙인 채
단단히 여문 몸통으로
버티고 있지만
바람에도 속절없이
흔들리고 출렁이다
끝내는
정미소에 끌려가
껍질이 째지고
속살마저 깎이는
엄청난 고통을 겪은 뒤
결국,
환생할 수 없는
운명으로 사라지는 것을
알면서도 모르는 채
여문 몸통만 내세우는가

세월 탓

동짓달
달콤하게 먹던 사과
봄에 먹으니
사라진 그 맛

어느새
그리 변했는가

가만히
살펴보니
세월에게
빼앗긴 그 맛

역행

서산에서 해가 뜨고
여름에 눈이 오는
있을 수 없는 현상이

눈을 감아도
망막 속에서
사라지지 않는
이상한 세상에서
살아가고 있다

실체

없는 건 죄가 아니고
양심 없는 건 죄가 되는데
그가 오히려
없는 자를 무시하는
이상한 일이 벌어지는 건
왜일까

변신

세상이 넓다는 걸
우주가 더없이 크다는 걸
알면 알수록

나는
점점 작아져
깨알로 변한다

부질없는 것

흘러가는 물
막아본들
하늘에 별
헤아려 본들
뜨는 해
지는 해
아쉬워한들

모두
소용없는 짓거리

그리고
더욱 소용없는 건
사람에 대한
미련

높이 나는 새

높은 하늘에
새 한 마리가 날고 있다
비록 외롭지만
세상 것 모두를 보며
슬픈 일이 많다고
날갯짓을 한다

3부

산다는 것

그것을 아는 사람

그것을 아는 사람은
삶의 무게와 시간을 안다
그래서 마음을 비우고
늘 기도하는 마음으로
깨어난 매일을 맞는다

그것을 아는 사람은
겸허하며
생명을 존중하고
결코,
크게 웃거나 울지 않는다
늘 그날의 준비에
바쁘기 때문이다

산다는 것 · 1

우리가 매일 확인하는
일상은 늘 그렇다
밋밋하거나 졸리거나
하품 섞인 오후거나
아님,
온몸이 짜릿하도록
느끼는 아찔한 순간들이다

살아간다는 것은
극과 극이 공존하며
곡예사의 줄타기처럼
힘든 곡예다

산다는 것 · 2

누구나
인생은 주어진 시간만 사는 것
삶의 무게에 짓눌리기 마련
그러나
마지막 시간이 다가갈수록
삶의 무게는 가벼워지다가
결국 그렇게 마무리하는 것
그런데도…

산다는 것 · 3

봄이 피운
아름다운 벚꽃
시간이 흐르자
낙화하여
땅으로 돌아가고
다시 피어날
그 봄이 와도

끝내는 짧은 순간을 위한
잔치일 뿐

산다는 것 · 4

오늘의 화려한 영광도
또는 슬픔도
내일의 것이 아니고,

다시 또
맞이하는 미래는
또 다른 세계

그러나
모두
부질없는 흔적들

산다는 것 · 5

양 어깨에
평생 매달린 짐은
벗어 던질 수 없는
삶의 굴레

모든 걸
내려놓는
그날은
홀가분해도
그것은
종착역

추억 · 1

산 넘고 물 건너
힘들게 가던 길
그러나 때론,
손잡고 노래 부르며
갔던 길
다시는 돌아올 수 없는
지나온 그 길을
시울 붉히며
아련히 그리워해도
이제는 어쩔 수 없이
잊어야 하는 길
다시 그 길을 가라면
아주 기쁘게 웃으며
갈 수 있을 텐데
그러나
이미 우린
그렇게 가던 길을
그리워할 수밖에

추억 · 2

세월의 강물에
흘러간 줄 알았던
지난 시간의 앙금이

아직도
흘러가지 못하고
응고되어
가슴으로 파고든다

그 가슴은
쌓이는 그리움으로
벅차올라
그저 숨죽이고 있다

추억 · 3

옷깃 스치고
지나간 바람

어디로 가서
어디에 있는지
끝내 알 길 없고

세상에 태어나
잠시 머물다
바람으로 사라지면
근원도 모르는 것을

멀고 먼
여행길에서
만날 법한
한 줄기
바람인 것을
만나본들 무엇하리

인생 · 1

산에 오르니
아래가 다 보인다
진작에 올랐으면
쉽게 깨달을 이치를

뒤늦게 산에 올라
아래를 굽어보니
지난날이 그저 우습기도 하고
꿈같기도 하다
그러나
정말 그건
이제 다시
산을 내려가는 일과
내려가서
어찌 살아야 하는 고민에
답을 묻고 있다

인생 · 2

우리는
우리가
어떻게 살아왔는지
모르며 살고 있다

늘
오늘처럼 그렇게
살 수 있으리라는
막연한 생각 속에서
살고 있지만
사실은 한 치 앞도
알 수 없는 게
인생이다

인생길 · 1

가도 가도 끝없는 길이
인생길인 줄 알았는데
언제부터인가

그 길도 끝이 있음을
깨달으니
하늘과 땅이
그 길을 알려주고 있다

인생길 · 2

그 길이 마냥 아름답고 좋았는데

어린 시절 소풍 가는 길
학창시절 수학여행 길
대학 캠퍼스 거닐던 길
예식장 가는 가슴 설레던 길
친구들과 술 먹으러 가던 길
문학상 받으러 가던 길
모두 아름답고
좋은 길인 줄 알았는데

어느 날 문득 바라본
서산마루에 걸린 태양이
노을을 뿌리는 걸 보니
하늘과 땅이 두려워진다
점점…

행복

눈에 보이지도 않고
손에 잡히지도 않고
그저
머릿속에서
달아나려고
안간힘을 쓰는
그것이
행복인가 싶다

행복론

커다란 행복은
불행이다

행복해지려는 것은
욕심
늘 곁에 두고 있는
작은 것들이
행복이다

행복한 길

가는 길은
설렘으로 가득 차
물보라를 일으키고
그 시간 속에 머무는
순간,
순간은
아름다운 환상이다

돌아오는 길은
다시 가는 길을
기억해 내며
새롭게 꿈을 캐는
그런 시간이다

이런 오가는
순간들의 반복은
살아갈 미래의 시간

앙금을 만들며
푸른 꿈을 키우고 있다

우린 그렇게 살았다

높은 걸 바라보지도
날아보려고도
하지 않았다

다만
저 푸른 초원 위에서
뭉게구름을 바라보며
한 조각 꿈이나
실어 보내는 생각을 했다

우리들이 써온 글들이
가혹하리만치
끊임없이 추락하는
현실 앞에서
그저 안타까워
울부짖어도
돌아오는 건 메아리뿐
우린 그렇게 살고 있다

없다

없다
답이 없다
어떻게 사는 것이
행복이고 성공된 삶인지
답이 없다

제각기
생각대로 사는 세상이고
자기 방식의 삶이 있는데
답이 있을 리 없다
인생은
죽고 나서야
답이 있나 보다

없다
답이 없다

빠른 시간 · 1

내 나이 칠순

세월
빠른 세상
엊그제 삐삐
오늘은 스마트폰
온 세상이 한눈에
품 안의 세상
아침에 눈 뜨면
또 다른 세상
다가오는데

나는 어디로 가고 있는지
하늘을 가르는 건지
땅을 가르는 건지

빠른 시간 · 2

엊그제
손주 녀석 첫돌이라
대견했는데
어제는
자전거를 타고
찾아오니
나는 그새
무얼 했는지
꿈속에서 헤맨 느낌

칠십 줄

"세월은 빠르다"라는 말, 실감 나니 무섭다. 귀때기 새파랗던 엊그제가 어느새 칠십 줄 세월 위에 나를 올려놓고 줄을 태우고 있다. 지금 이 순간에도 세월은 겁*과 겁을 만들기 위해 흐르고 있다. 어차피 내 인생도 그 겁 속의 톱니바퀴에 물려 돌아가고 있으니 어쩌리, 그저 열심히 칠십 줄에서 다음 줄로 넘어갈 수밖에

* 겁 : 1겁의 세월을 천년에 한 방울씩 떨어지는 낙숫물로 바위를 뚫는 그런 긴 세월이다.

동화책을 읽던 생각

세상이
아름다운 낙원인 줄 알고
그저 세월 따라 열심히 달려온
그것 외엔 아무 것도 없다

갑자기 막다른 길목에서
숨이 막히는 순간
어쩔 줄 몰라 허둥댈 때
어린 시절 동화책을 읽던
그 생각이 떠올라
숨을 가누며
'꿈이었지 살아온 건 꿈이었지'
하면서 달래도
그것은 이미
동화책 밖이다

노동현장

살아온 길
또 살아가야 할 길
안개 속 미로 같고
바람결처럼 하찮아 보여도
수천 년 흘러온
역사의 수레바퀴보다
위대한 흔적
생명이 흐르고 흘러
핏줄로 이어온 자국
끊임없이 전개될 미래
철길은 녹슬어도
그 위엔 흐름이 있어
역사는 쌓이고 쌓여
그리 긴 호흡이 아니더라도
느낄 수 있듯
살아온 길이
하찮지 않다는 것을
스치고 지나간
바람결에서도 느낀다
새삼, 이 아침에

4부

자연의 순리

오월

비단결로 펼쳐지는
꿈길에
늘,
그렇게 곱게 곱게
눈에 아른거리며
다가오는
봄밤은 꿈결이고
비단결입니다
누가
나의 봄밤에 펼친
그 꿈속으로 들어오는지

그것은
나의 오월입니다

봄

모르긴 해도
산수유 꽃 피길
긴 겨울 보내며 기다릴 때

어느새
시샘하듯
모란 꽃망울 하얗게 터지는
봄이 되어
연녹색 눈부심으로
가득 찬 세상은
아지랑이 꽃 피는
지평선 위에
또 다른 꽃을 피운다

여름밤

곱디고운
물결로 이어져
가슴을 헤집고
몸부림치며 다가오는
환희의 별빛

그것은 여름밤
7월입니다

비발디의 사계 중 여름

봄의 기억은 아물거리고
여름은 정열로 다가왔다가
소리 없이 사라졌고
가을은 삶의 속을 채우고
겨울 맞을 준비를 한다
그러나
새롭게 돌아온
여름은
지난 사계를 모두 끌어 모아
뜨겁게 시작된다
비발디도
여름을 사랑했겠지

미로

밤이긴 해도
보름달 워낙 밝아
세상이 모두 보인다

보이지 않는 건
단 하나
사람의 마음이다

그러나
가을밤은 잘려나간
바람 자락을 끌고
슬며시 내 잠자리로
밀고 들어온다

낙 엽

어디에서
밀려온 바람인가

아주 먼 우주에서
달려온 바람인가

그렇게 온 바람
그렇잖아도
아픔에 떨고 있는
붉게 물든 잎새를
흔드는 건 왜일까

바람은
잔인하게도
끝내
슬피 우는 마지막을
서러움으로 만들고
소리 없이
어디론가 사라졌다

잔설

앞산에
남아있는 잔설
언제
녹아 없어질지 모르지만
잔설의 꿈은
살아있어
백설의 세계를 그리며
그렇게
눈물까지 흘리며
견디고 있다

눈물은 잔설의 꿈이다

자연 · 1
—태양

늘 꺼지지 않는 정열을
빛으로 보내며
그 태고 적 신비까지
고스란히 지켜본
무서운 눈

그럼에도 사람들은
두려움
또는 공포심
그 무엇 하나 아랑곳없이
물고 뜯고
뜯고 물리는
싸움으로
그러다 지쳐 쓰러지는
일상으로 일관한다

이 시간
태양은 뜨거운
정열을 보내는데

자연 · 2
―달

지난 일이거나
미래이거나

가라앉은 시간이면
소용돌이치던 순간들을 물리고
가슴 밑바닥에 자리하고 있는
감성의 올을 꺼내 음미하며
함께하는 그윽한 눈빛
그 눈빛 속에서
기쁨보다는
슬픔을 바라보는 친구

자연 · 3
—별

꿈속에서나
가 볼 수 있을까
꿈속에서나
갈 수 있는 곳일까

끝없는 꿈속에 꿈을
심어주고 심어주는
영원한 그리움으로 남아
그저
바라볼 수밖에 없는
사랑, 사랑

자연 · 4
—물

싫어할
굳이 기뻐할
이런저런 사연
모두 포용하며
조용히 함께하는 지혜

생긴 대로
원하는 대로
그저 따라가며
움직여주는

그러나
힘없어서가 아니라
생명의 근원이기 때문
그 힘은 소리 없이
모든 걸 지배하고

자연 · 5
—땅

생명의 원천으로 존재하며
늘
잉태와 죽음을 함께
존속시키는 커다란 품속
그 품에서
살고 죽으며
영원을 약속하지만
결국,
……
그러나
돌아가면 말없이
품어주는 따뜻한 품속

자연 · 6
―눈

세월 따라
검은 머리 하얗게 발하듯
하늘에서
뿌려주는
흩날리는
하얀 눈은
이제껏 살아온
나의 표백된
삶의 조각들이다

자연 · 7
—비

는개비부터
소낙비까지
내 가슴에는
많은 비가 내렸다

그렇게
이런저런
비가 내렸지만
아무것도
씻어내질 못해
지금도
내 가슴에는 비가 내린다

자연 · 8
―바람

어느 날부터
끊임없이 일던 바람은
내 인생과 함께 했다
그렇게
시도 때도 없이
잠잘 줄 모르는 바람은
소용돌이치며
솔내음 풍기는
싱그런 바람도 되었다가
때론 폭풍이 되어
내 삶 속에 불어 닥쳐
그 바람의 근원은
늘 의문스럽기만 하다

자연 · 9
ㅡ꽃샘바람

나이 먹는 것이 두렵고
가끔은 서럽기도 하여
지난 세월 그리움에
앨범 뒤적이며
그 시절에 묻힌다

앨범을 덮으며
다시 돌아온 순간,
현실은
머지않은 미래가 달갑잖아
묵은 시간 속에 있는
팽팽했던 나를
시샘하는 바람을 일으킨다

자연 · 10
—산

하늘 가까이
몸 쳐들고
생명의 울타리로
존재하는
위대함보다는
평온함을
알려주는
아름다운 곳

늘 몸 치켜세운 모습도
그래서이고

조급증

엊그제 겨울
그 꼬리 감추기도 전에
성큼 다가온 여름 날씨

반갑지 않게
서둘러 온 계절
분명 빨리 돌진 않았을 텐데

아무래도
사람들이 빨리빨리
서두르는 통에
화가 난
지구 때문인 것 같다

커피 한 잔

설경 바라보며 마신
따끈한 커피 한 잔

그 속에 살아온 세월이 녹아
온몸으로 번진다

허송세월, 부질없는 짓
분분한 먼지 되어
가슴으로 깊이 스민다

비워 놓은 커피잔이
너무 커 보인다
설경으로 다가온다

순리

만세 부르고
소리 지르며
하늘 높은 줄 모르던
그 위세는
어느 날
총 맞은 새처럼
높은 창공에서
비명도 잊은 채
수직으로 추락하고 있다

높은 만큼
길고 빠르게
추락하는 그 모습은
차마
눈 뜨고 볼 수 없어
세상사
모두 그렇게
높낮음이 있는 걸
우리는 순리라고 한다

어디까지 가려나

삼국통일 하느라
드넓은 북녘땅 잃었고
구한말엔
왜놈한테 짓밟힌 영토를
해방과 함께
강대국 등쌀에
반 동강이 난 이 땅

이제, 왜놈은 독도를 넘보고
뙤놈은 고구려를 왜곡하니
기막히고 분통이 치미는데

정치판은 서로 잘났다고
이념이니 지역주의니 하며
편 가르기로 아우성치니
이 땅은
완전히 산산조각이 나서
어디까지 가려나
두려움이 앞선다

말세

요한계시록을 보지 않아도
세상이 말세라는 걸 느낀다
이상기온으로
기상이변이 일고
이상한 사람들이
요란한 짓거리로 북적거려
이 세상을 어지럽게 한다

혼돈의 시간은 짧을수록 좋다
도대체 제정신이 아닌 사람이
왜 그리 많고 많은지
알 수가 없다

어떻게 해야
이 세상이 태초처럼
맑고 맑은 세상이 될까
말세를 향해
빠르게 돌아가는 수레바퀴를
잡을 수 있을까
앞이 캄캄한 밤이다

최두호가 본 소설가 김건중
–문학의 꽃, 예술의 꽃

글을 쓰는 것도
아름답지만
글을 쓰는 사람들을
돕는 일은 더욱 아름답다

그런 의로움이 있어
소설가로서 소설을 쓰고
헌신적으로 희생을 감내하며

성남, 경기도에서
40년을 한결같이
힘없는 문인들을 위해

그들에게 글을 쓰게 하고
그들에게 책을 만들게
도와 준 사람

성남문학의 밑거름이 되어
경기문학의 꽃을 피운 당신

당신이 있어서
성남은
문학의 꽃을 피울 수 있었고

당신이 있어서
경기도는
예술의 꽃을 피울 수 있었습니다

그리고 한국문학의
큰 밑거름이 되고 있습니다

막천석지(幕天席地) 무불통지(無不通知)의 작품세계

김 제 영(소설가 · 문예 칼럼니스트)

주먹에 대한 내 기피증은 병적일 정도이다. 검은 세력에 의해 사주되고 있는 폭력배의 전유물로 유용되고 있다고 여겨졌기 때문이다. 비정하고 잔악한 살상과 음모가 횡행하는 무법지대에 바늘과 실의 관계로 주먹은 따라다니고 있다고 독단을 짓고 있는 내게 소설가 김건중이 그런 주먹은 아닐지라도 태권도 고단자라고 소개되었으니 어찌 내가 칠색팔색 경악하지 않을 수 있었겠는가.

어쨌거나 치고받고 터지고 야생동물과 같은 몸싸움으로 힘겨루기를 지도하는 태권도 사범(8단)이 소설가라니 소가 웃다가 꾸러미 째질 노릇이라고 나는 숫제 터진 꽈리 보듯 그를 같잖게 여겼던 것이다.

사계(斯界)를 주름잡고 있는 현재의 물리적 세(勢)에서 일약 명실공히 문무를 겸비한 도인의 정정(淨淨)한 위상으로 변신, 필시 태권도계의 상징적 존재로 군림하고 싶은 인지상욕(人之常慾)에서 문학인 행세를 하고 있고 그 술수로 소설 몇 줄을 긁적이고 있는 것이려니 정도로 해석을 했다.

어수룩하고 수더분한 데라고는 털끝만큼도 찾아볼 수 없는 김건중. 크지 않은 키에 차돌같이 차갑고 매끈하고 단단한 생김새부터가 주먹 패거리들을 임의로 쥐었다 놓았다 호령할 수 있는 전형적인 두목형이라고 내심 나는 그를 경계했다. 그런 줄도 모르고 그는 오며가며 내게 들르곤 했다.

이러한 내 마음을 아는지 모르는지 상대의 동정이나 기분 따위에는 애시초 신경을 쓰지 않는 보스 기질의 두둑한 배포에서였는지 이쪽의 생각이나 동태 같은 것에는 아랑곳없이 태권도 도장을 운영하면서 관장으로서 겪어야 했던 이해하기 힘든 사건들을 스스럼없이 털어놓으며 10대 개구쟁이 표정으로 거칠은 주먹을 내밀어 보이는 것이었다.

태권도계의 헤게머니와 금전적 이권을 노리고 동원된 폭력에 당당히 폭력으로 맞선 그의 무용담을 듣고 있노라면 간담이 서늘해진다. 저게 사실일까 황당무계하다. 반신반의를 하면서도 입속의 침은 말라붙고 긴장감이 전신을 옥죄어 온다.

그의 이야기는 실타래가 풀리듯 끊이지 않는 그의 이야기를 듣고 있노라면 그야말로 신선놀음에 도끼자루 썩는 줄 모른다이다. 스펙터클 필름이 돌아가듯 다이나믹하고 드라마틱한 그의 이야기는 듣는 이로 하여금 쾌재를 부르짖게도 하고 나락으로 떨어지게도 하고 때로는 웃음을 이기지 못해 배꼽을 잡고 떼굴떼굴 구르게도 한다. 폭력의 보스이려니 한 경계심도 몸싸움의 태권도 사범이 무슨 소설을… 같잖다고 얕보던 오심도 봄 눈 녹듯 온데 간데 없이 꺼져 버린다. 그리고는 언제부터인가 나는 타고난 이야기꾼 김건중이 언제쯤 들리려나 그를 기다리게 되었다.

1988년 가을걷이가 끝난 11월 5일 그가 태어난 충북 음성에서 음성 문학동인회 주관으로 김건중 문학강좌가 있었다. 출향 작가 김건중을 맞이해 주는 그의 고향 문인들의 정성은 지극했고 그들의 체온은 따스했다. 지금도 나는 진솔하고 설득력 있는 내용으로 문학강연을 하던 그의 모습과 농가의 정취가 가득 고여 눈부시었던 행사장의 가을 풍경이 눈에 어른거린다.

김건중이 오늘날 작가로, 무도인으로, 잡지 편집, 발행인으로 게다가 조직과 통솔력으로 성남문협을 이끌고 있는 一人拾役의 그의 초인간적 양기야말로 늘 푸르르고 우거진 고향 동료 문인들의 인심의 숲이 있기 때문이 아니었을까.

비옥한 그 숲이 있었기에 김건중이라는 교목은 곧고 굵고 높게 자랄 수 있었을 것이다.

〈월간문학〉(87년 4월)에 수록된 김건중의 단편 **〈사월 감기〉**를 읽고 쥐구멍이라도 찾고 싶은 심정이었다. 태권도에 대한 편협된 생각에서 김건중의 소설작업을 맹군무상(盲群撫象)식으로 재단을 한 내 자신의 부끄러움 때문이었다.

〈사월 감기〉는 4월이면 영락없이 찾아오는 지독한 감기를 치료하는 과정에, 상기된 소년기의 삼촌과의 추억을 뼈대로 살을 붙인 작품이었는데, 소설 솜씨가 여간 능숙하지가 않았다.

주인공 송구일의 삼촌은 송씨 가문의 촉망을 받는 청년으로 서울에서 공부하고 있는 대학생이다. 그가 4.19의거에 참가했다가 뼛가루로 귀향을 한다. 김건중은 한국 현대사의 한 획을 긋는 4.19와 거기에 동참했다가 희생된 삼촌으로 대변되는 젊은이들의 희생을 추도하면서도 그러한 무게의 주제는 등뒤에 감추고 능청스럽게 문장을 이끌고 있다. 작가는 다만 삼촌이 조카(주인공)에게 베풀었던 사랑의 장면들을 세세히 묘사함으로써 4.19의 의의와 희생자들의 의와 정의, 곧은 품성을 우회

적으로 보여주고 있다.

4월이면 도지는 주인공의 지병으로 4.19의 아픔과 삼촌에 대한 그리움을 표현한 김건중의 소설작법은 그 누구의 추종도 불허한 고도의 테크닉이라고 아니할 수 없다.

그리고 김건중의 〈월간문학〉 등단작품인 **〈방패연〉**은 주인공의 정신적 성장에 영향을 미친 친 누이보다도 더 따랐던 6촌 누이의 죽음(영정)을 안고 장지로 가는 영구차 속에서, 그리고 장지에서의 모든 절차를 마치고 내려오면서 누이하고의 여러 가지를 떠올리는 장면들로 엮어진 작품이다.

이 작품의 핵은 작가의 종교, 철학, 결혼관 등을 매우 특이한 개성과 지적으로 탈속한 한 여성(6촌 누이)의 설정으로 대변시켰다는 점이다.

"누님, 결국은 결혼도 하고 애도 낳으셨군요."

"애는 당연한 일 아냐?"

"…누님은 독신론에다 더구나 자식은…."

"…심심해서 그랬어."

설사 사실이 그렇다 하더라도 심심해서 애기를 낳았다고 말하는 사람은 없다. 그럼에도 김건중은 대담하게 심심해서…의 용어를 차용하고 있다. 왜였을까. 작가는 다음과 같이 서술하고 있다.

'결혼은 물론 아이를 낳은 것도 누님 본의가 아닐…거라는 생각이 들자…누님에게…동정심을 갖게 되었다. 그러나…아들을 보기 위해 내리 딸 셋을 두게 되었을 때는…'

여성의 속성으로 귀일할 수밖에 없는 결혼의 한국적 전통의 보편성을 김건중은 피력하고 있다. 김건중은 또한 주인공과 누님의 논전으로 신앙과 종교의 문제에 명쾌한 답을 내리고 있다.

"그럼 그런 걸 신부님께 물어봤어요."

"…나는 신이 존재하든 안하든 신의 존재를 의식하고 싶지 않다는 게…내 생각이야."

…중략…

"누님, 열심히 믿으세요. 만에 하나라도 그 세계가 있다면… 밑져야 본전이니까 열심히 믿으세요."

"…재미난 말인데… 난 이렇게 믿고 싶어. 인간의 죽음이 평등하듯 사후의 모든 세계 또한 평등하다고…."

천당행 티켓을 발매하고 있는 듯 수선을 떠는 기복종교의 허를 찌른 누님의 부드럽고 지적 속삭임은 눈 속에 핀 매화송인 양 싱그럽고 간결하다.

'내 또래 녀석들이 제각기 방패연이나 가오리연을 뚝방에서 날리고 있었다. 연이 없어… 울먹이는 나를 누님은… 달래놓고… 우산살을 뜯어 커다란 방패연을 만들어 주었다. …방패연은 하늘로 치솟지를 못하고 뱅글뱅글 돌다가는 거꾸로 쑤셔박기만 했다. 그러자 누님은 다시 방패연 밑에 신문지로 꼬리를 달았다. 꼬리 달린 방패연은 몸체를 까닥거리며 계속 멀리멀리 날기 시작했다.'

방패연과 함께 영영 구천으로 날아가 버린 누님… 유년기의 추억이 노을빛이다.

서정이 넘치는 이 글을 과연 태권도 사범이 썼을까 나는 읽고 또 읽곤 했다. 〈예술계〉(88년 11월호)에 수록된 **〈바람멀미〉**는 남편의 배신이 어찌나 그럴싸하게 묘사되었는지 어이없게 이혼당한 아낙을 동정하여 나는 온종일 격분에 떨었고, 태권도 연작소설 〈바람 가르기〉(1992년)를 읽고는 접시물에 코를 박고 싶게 수치심이 차올랐다. 태권도란 가열한 자신과의 싸움에서 끊임없이 정진하는 수도(修道)의 요원한 길임을 김건중이 일깨워주었기 때문이다.

그리고 재치와 풍자와 기발한 아이디어가 번득이는 〈두 번 때린 북〉(1996년) 김건중의 짧은소설집은 오늘의 경제적 비극 상황에서 우리를 구원해 줄 폭소물이다. 폭소는 만병통치 선약이 아닌가.

태권도 사범으로서의 소설가가 아니고 소설가로서의 태권도 사범이기에 발로 뛰어 얻은 생생한 체험이 밑받침된 김건중의 작품세계는 막천석지(幕天席地)요 무불통지(無不通知)이다. 김건중 문학에 영광이 있을지어다.

문학적 천재성

최 석 운(시인)

한 작가의 성격과 작가 주변의 상황은 결코 그 작가의 작품과 무관하지 않다는 것을 우리는 고전을 통하여 알고 있다. 작가 김건중, 그의 문학인생을 20년 넘게 옆에서 지켜보고 생활 반경 내에서 함께 살아온 필자로서 그를 말한다는 것은 너무나 당연할지 모른다. 그러나 진실을 밝히자면 그의 문학세계를 자세히 알지 못한다는 것이 솔직한 고백이다.

밤새 불이 켜 있는 방에서 간혹 적막을 문틈처럼 밀고 원고지 넘기는 소리가 들리는 눈 내리는 겨울, 그 조그만 서재에서 옹골찬 한 사나이가 작품을 이어가고 있다. 허수룸한 서재, 아니 서재라기에는 너무도 초라한 집필실, 성남시 남한산성 그늘의 작은 집 건너방이다.

산머리에 해가 솟는 새벽이면 또한 어김없이 태권도장에서 그의 힘찬 구령소리와 더불어 심신을 단련하는 땀 흘리는 모습을 볼 수 있었다. 그는 태권도에는 달인의 경지에 올라 있었다. 그러나 스스로 도장을 열고 후학을 지도하며 기술을 연마하는 모습은, 때로는 통쾌하며 때로는 근엄한 구도자의 모습이었다.

그는 그 속에서 그렇게 문학수업을 쌓아가고 있음을 보여주고 있었다.

문학의 본질은 이 한 인간이 고난을 극복하는 진지함에서 비롯하여 존재의 본질에 도달하려는 노력의 여정이라면 작가 김건중이야말로 가장 문학적인 삶을 살고 있었다. 그렇게 그의 문학은 잉태되어 분만되고 있었다. 한 편씩 한 편씩.

그의 작품에는 그러한 그의 모습과 그의 심성이 녹아 있다.

반생을 바쳐 추구해 온 무도인의 기개와 용기, 그리고 순수함이 그의 작품 도처에서 발견되고 있다. 혹자는 그가 인생의 중도에서 문학에 입문한 것으로 볼 수 있겠지만 사실 그의 문학편력은 약관의 나이인 10대 후반까지 거슬러 올라가야 한다. 무도인인 그가 대학 국문과를 지망했던 자체가 그의 가정에서는 하나의 사건일 수밖에 없던 그 시절, 그는 문학도로서의 개성과 기질을 이미 지니고 있었다.

오늘 우리는 수많은 시인, 소설가, 수필가 등의 문인을 본다. 그러나 진실로 그들 중에 물질적으로 풍요로운 삶의 유혹에 초연한 가치관을 가지고 고통스런 문학의 길을 걷는 사람은 몇이나 될까?

무도인으로서의 탄탄대로를 외면하고 외롭고 가난한 문학의 길로 들어선 작가 김건중의 뒷모습을 보면 가끔씩 가슴이 뭉클한다.

필자는 그의 문학적 천재성과 집필의 능력을 잘 안다.그렇기 때문에 그의 생에 전개될 그의 문학세계의 크기와 깊이를 예측하기가 참으로 어렵다.

필자는 그의 크기를 안다.

그래서 작품세계도 그와 엇비슷한 크기의 대작을 기대하는 마음이 크다. 아니 해내리라고 믿는다. 100년 후, 아니면 200년 후 그의 작품이 어떤 거목의 모습으로 남아 있을까를 짐작할 뿐 필자는 정확히 예측하지는 못한다.

왜냐하면 그는 부단히 노력하는, 스스로 자신을 변모시키려고 노력하는 작가이기 때문에 더욱 그러한 것이다.

■ 연보 ■

1947년	2월 24일(음력) 충북 음성군 음성읍 읍내리3구(남천동)에서 아버지 金容海(음력 1923. 11. 9~1968. 1. 14), 어머니 鄭貞玉(음력 1926. 5. 29~1997. 12. 17)의 외아들로 출생
1959년	음성 수봉초등학교 졸업 (제48회)
1962년	충주중학교 졸업 (제18회)
1965년	음성고등학교 졸업 (제15회) 서울 명지대학 국어국문학과 입학 명지극회에서 희곡을 쓰며 김정규 연출가에게 연출 공부 (백일섭, 고강자, 김광수 등과 함께 극회 활동)
1966년	장막희곡 「폭설」 단행본 출간 후 연출
1967년	명지극회 회장 피선
1968년	아버지 별세 (향년 45세) 아버지 별세 후 음성에 내려가 한일중학교에서 교편을 잡으며 필성태권도장을 개설하여 운영하다 육군에 입대
1971년	육군 만기 제대
1972년	태권도 무덕관 대호도장 개설 운영 (당시 태권도 공인 5단)
1977년	한국문인협회 성남지부 회원 가입 후 문학활동 재개
1978년	태권도 대호문그룹 창설(대호문 본관 및 산하 7개 도장) 회장 성남시 태권도협회 전무이사 피선
1979년	창작집 「모래성을 쌓는 아픔」으로 등단 연극 〈쾌거인생〉 연출 (성남문화원)
1980년	연재소설 〈비 오는 계절〉《태권도》지에 2년간 연재 한국소설가협회 회원 가입

1981년	한국문협 성남지부 소설분과 위원장 선임 '산성소설문학동인' 결성
1982~85년	장편소설 〈바다에 피는 안개꽃〉, 〈머물지 못하는 바람〉과 단편 〈소무의 얼굴〉, 〈비문〉, 〈송사리 병〉, 〈늪의 행진〉, 〈쇠푼〉 등 20여편 집필
1986년	한국문협 제정《월간문학》소설부문 신인상 당선 (작품 〈방패연〉) 한국문인협회 가입
1987년	《월간문학》소설부문 당선자들의 동인 '소설과 비평' 결성 성남 '문학시대' 동인 결성 (지도위원) 한국문협 성남지부 제8대 지부장 피선 연작소설 〈사범님〉《태권도》지에 3년간 연재
1988년	한국문협 성남지부 사업으로 시민백일장, 신춘시 낭송회, 문학강좌, 주부백일장, 「성남문학」지 발간을 제도적으로 정착시킴
1989년	태권도 공인심판 1급 자격 취득 (No 87) 성남시 태권도협회 제10대 임원선거에서 회장 당선
1990년	생활체육지도자 국가자격 취득 (No 4850)
1991년	태권도 국기원 8단 승단 (No 1000345) 후 은퇴 (당시는 8단이 최고단자임) 한국예총 성남지부 부지부장 피선
1992년	일본 · 태국 문학기행 한국문인협회 경기도지회 초대 부지회장 피선 문협 문예대학 설립 및 전임강사 (강사진 : 조병화, 김병총, 유금호, 유한근, 김송배, 김건중 외) 성남여성문학회 · 청년문학회 결성 (지도위원) 최초의 태권도 연작소설 「바람가르기」 출간 후 각종 매스컴 조명 (일간스포츠, 주간경향, 경인일보, 경기일보, 중부일보, 동양일보, 계간 태권도, 월간 문화광장, 로터리신문, 도시신문, 우리신문, 광산뉴스 등에 기사 게재)

1993년	중편소설 〈영혼의 몸짓〉(《월간문학》에 분재)
1994년	'소설미학' 동인 결성(지도위원) 「성남예술」 창간(편집 · 주간) 한국문인협회 문학공로표창패 받음
1995년	중국《송화강》1월호에 단편 〈양심대로 했는데〉 게재 국제펜클럽 한국본부 회원 가입 한국문인협회 제20대 감사 선임 제10회 한국문협 해외문학심포지엄 참가(미국 뉴욕, 캐나다) 「경기예술」 창간호 주간 어머니 뇌경색으로 병수발(3년)
1996년	국제펜클럽 한국본부 특별대책위원회 위원 선임 성남문협 숙원사업인 「성남문학인작품선집」과 「성남문단사」(4×6배판 양장본)의 발간위원장을 맡아 발간(격년으로 현재 11권 발간) 장편소설 〈바람은 머물지 않는다〉(《시대문학》에 1년간 연재)
1997년	성남시민헌장 재 제정위원 「바람가르기」 세계태권도신문에 1년 연재 국제펜클럽 한국본부 제30대 선거관리위원 선임 계간《자유문학》기획실장
1998년	어머니 별세(향년 73세) 국제펜클럽 한국본부 제30대 이사 선임 3,000만원 고료 장편소설 현상공모에 〈무너지는 시간〉 당선(한누리미디어) 불가리아 정부초청 '한 · 불문학회의' 참석 및 터키 · 그리스 등 동유럽 문학기행
1999년	문인극 〈양반전〉 출연(문예회관 대극장, 극단 원 제작, 출연 : 황금찬, 조경희, 정연희, 김국태, 이근배, 고성의, 홍금자, 김건중 외) '한 · 중문학의 밤'(중국 북경) 한국측 대표

2000년	2000년을 대표하는 문제소설로 〈은행알 하나〉가 한국비평문학회에서 선정
2001년	한국문인협회 경기도지회 제4대 임원선거에서 회장 당선 한국소설가협회 이사 선임 한국문협 전국 시 · 도 회장단 협의회 부회장 피선 제1회 경기도학생문예대전 심사위원장(위원 : 홍승주, 유금호, 이수화, 안장환, 정종명, 이광복, 박종철 / 주최 : 경기도교육청) 경기도문학상 및 경기신인문학상 운영위원장 겸 심사위원장(위원 : 김지연, 이수화, 원용우, 김용철, 김선주, 정현웅) 노작 홍사용문학상 추진위원회 부위원장 구리문협 · 김포문협 · 화성문협 · 포천문협 문예대학 초청 강의
2002년	성남시 여성사회교육(문예창작) 강사 경기문화재단 문예진흥기금 심사위원 (위원 : 백시종, 김건중 외) 경기도 여성기·예경진대회(백일장) 심사위원장(위원 : 강석호 외) 인터넷 연재장편 「발가벗은 새벽」(온미래)
2003년	장편소설 〈무너지는 시간〉 MBC 느낌표에서 소개 방영 제8회 경기노동문화예술제 심사위원장 ABN-TV 〈아름다운 성남인 소설가 김건중〉 방영 (이후 ABN인터뷰 등 수회 출연 방영)
2004년	경기문협 심포지엄 개최(약 200여 명 참가) 이후 매년 개최 종합문예지 계간《문학계》창간(대표 및 주간)
2005년	국제펜클럽 한국본부 제32대 기획위원회 위원장 선임

계간《문학계》제호를 《한국작가》로 변경 (편집 · 발행인)
(현재 2017년 봄호(통권 51호)를 발행했으며 결호없이 발간)
'경기방문의 해' 자문위원 위촉 (경기도)
'한국향토문화 전자대전'(문학부문) 집필 (한국학중앙연구원)
제1회 묵사 류주현문학상 심사위원 (위원 : 원용우, 김우종, 정연희, 김건중, 신길우)
제1회 원종린문학상 심사위원 (위원 : 리헌석, 김건중 외)
세금관련 글짓기심사 (중부국세청)
성남아트센터 핸드프린팅

2006년 경기도 문화예술평가토론회에서 주제 발표 (경기예총)
한국작가회 회장 및 한국작가동인회 지도위원
경기예총 40년사(경기문협 편) 집필

2007년 한국문인협회 제24대 임원선거에서 부이사장 당선
경기예총 부회장 피선
국제시낭송회 (대만 · 화련)
전국청소년 마로니에백일장 심사위원 (위원 : 김년균 외 한국문협 임원진)
제10회 전국공무원문예대전 소설부문 심사위원 (위원 : 성기조, 최승범, 정영자, 김건중 외 - 행정안전부)
전국 어촌 · 어항체험수기 심사위원장 (해양수산부)
제1회 제부도 바다시인학교 시창작 강의
미래여성신문 주필
제22회 한국문협 해외문학심포지엄 참가 (일본)
제46회 한국문학심포지엄에서 주제 발표 (만해마을 / 백담사)
일본 가나가와문화재단 연수 (경기예총)
제3회 전국농수산글짓기공모전 심사위원 (위원 : 정광수, 김건중 외 / 농수산유통센터)
제1회 경기지방공사 수필공모전 심사위원장 (경기지방공사)

원로문인 전국순회문학강연(강사 : 이성교, 김건중, 성준기 / 한국문협)

2008년 베트남 · 캄보디아 문학기행(경기문협)
남북교류 개성방문(한국문인협회)
병영문학상 심사위원(위원 : 김건중, 배기정 외 / 국방부)
중국 선양시 문화예술교류(선양시 조선족문화예술협회)
2008 베이징올림픽 예술인응원단 참가(한국예총)
한 · 중 예술합동공연(선양 · 단둥 / 경기예총)

2009년 칼럼 〈예술이란 이름〉 한국문학방송 소개
문인육필전 출품(한국문협)
전국광명신인문학상 심사위원(광명시)

2010년 시 〈고등어〉 오병희 작곡으로 가곡 합창공연(성남아트센터)
장편소설 〈무너지는 시간〉 SBS라디오 '김창완 음악프로'에서 인용
한국문학발전 신춘대담 주관(게스트 : 시 / 장윤우, 시조 / 원용우, 소설 / 김건중, 수필 / 강석호, 아동 / 엄기원)
제1회 전국어르신백일장 심사위원(위원 : 신경림, 유안진, 현기영, 김건중 / 연꽃마을재단)
논저 「문단경영론」이 수필문학, 문학저널, 스토리문학, 한국작가, 지구문학, 아동문학세상, 문예비전, 국제문예, 한국문학예술, 남양주계절문학, 문학미디어, 진천문학, 성남문학, 전북문단, 전남 문학기행문집, 김삿갓문학, 한작사화집, 한국그린문학, 경기 시 · 수필낭송집, 전북 해변대학 세미나, 충북 문학인대회, 한국문학방송, 새문학신문 등에 게재

2011년 예술진흥을 위한 심포지엄에서 주제 발표(경기예총)
전국 김삿갓백일장 심사위원장(위원 : 원용우, 한새빛, 이예지 외 / 양주시)
남양주 문예대학 강의

중국(상해 · 항주 · 소주) 문학기행 (경기문협)
한국문협 제25대 임원선거에 이사장 후보 출마 (런닝 부이사장 후보/이향아, 소재호, 원용우, 김용철, 강석호, 노원호, 노경식)

2012년 한국작가상 및 한국낭송문학상 제정 (문학상운영위원장, 현재 5회까지 시상)
조지훈문학제 심사위원 (남양주시)
둔촌청소년문학상 운영 및 심사위원장 (위원 : 김용철, 원용우, 이수화, 정현웅, 소재호, 한새빛, 이예지, 정란희)
명사초청 : 〈문학과 인생〉 강연 (성남포럼)
한국작가상 및 한국낭송문학상 제정 (운영위원장)

2013년 Book-TV 출연 '저자와의 대화' (대담사회 : 추리작가 이상우)
중국(홍콩 · 심천 · 마카오) 문학기행 (한국작가)
성남시사 편찬위원 및 '문학부문' 집필
한국작가 워크샵 개최(100여 명 참가) 이후 매년 개최

2014년 동남아(싱가폴 · 말레시아 · 인도네시아) 문학기행 (한국작가)
《한국소설》(2014년 7월호)에 〈나의 인생, 나의 문학〉 게재
2014 중국 선양 한국주 및 제3회 서탑미식문화제 참가
「성남시사」에 〈성남의 문학〉, 〈성남의 문인들〉 게재

2015년 한국문인협회 제26대 자문위원
한국예총 경기도연합회 자문위원
뮤지컬 〈꽃신〉 관람기 심사위원장

2016년 고희기념 서유럽 여행 (영국 · 프랑스 · 스위스 · 이탈리아)

2017년 현재 계간《한국작가》편집 · 발행인
한국작가회 회장
성남문협과 경기문협 명예회장
《문학시대》,《에세이성남》, '한국작가동인회' 지도위원

경기예총 자문위원
한국문인협회 자문위원
문협 문예대학에서 문예창작 강의

2018년 탄리문학상 운영위원회가 발족되고 탄리문학상이 제정되어 제1회 시상식을 성남시청에서 거행(본상 : 김미윤 시인, 우수상 김일두 시인)
둔촌 이집문학상 제정 및 운영위원장

2019년 러시아 블라디보스톡 문학기행(한국작가)
베트남 호치민 문학기행
한국문인협회 자문위원 재선임
국제펜클럽 한국본부 자문위원 추대

2020년 한국소설가협회 최고위원 선임

2021년 탄리문학상과 둔촌 이집문학상 현재 4회까지 시상
한국작가상 및 한국낭송문학상 현재 10회까지 시상

■ 저서 ■

- 장막희곡 「폭설」(문영사, 1966년)
- 장편소설 「모래성을 쌓는 아픔」(예시사랑, 1979년)
- 태권도 연작소설 「바람가르기」(불후문고, 1992년)
- 소설집 「아직도 그날은」(문협, 1994년)
- 짧은소설집 「두 번 때린 북」(큰방, 1996년)
- 장편소설 「바람은 머물지 않는다」(시대문학, 1996년)
- 장편소설 「무너지는 시간」(한누리미디어, 1998년)
- 장편소설 「사랑한다는 문제」(한누리미디어, 2000년)
- 시집 「가끔, 소설가도 시를 쓰고 싶다」(한누리미디어, 2001년)
- 산문집 「소설 밖의 깃발」(한누리미디어, 2001년)
- 편저 「성남문단사」(연인, 2002년)
- 편저 「경기도문단사」(서진각, 2003년)
- 산문집 「문학 앞에」(서진각, 2004년)
- 장편소설 「발가벗은 새벽」(지성의샘, 2006년)
- 산문집 「아름다운 생각」(지성의샘, 2008년)
- 소설집 「은행알 하나」(동행, 2009년)
- 김건중 소설선집 「태양과 그늘」(동행, 2010년)
- 꽁트집 「꼬리 잘린 웃음」(푸른숲, 2012년)
- 산문집 「문학의 존재」(동행, 2013년)
- 짧은 소설집 「뽑다」(인간과문학사, 2015년)
- 문학 50년 「김건중소설선집」〈전3권〉(지성의샘, 2017년)
- 제2시집 「바람에 날려도」(동행, 2021년)
- 제3시집 「성남의 달」(지성의샘, 2021년)

■ 수상 ■

- 한국문협 성남지부 제정 / 제1회 성남문학상 (소설, 1980년)
- 성남시 제정 / 제1회 성남시문화상 (예술, 1993년)
- 경기예총 제정 / 제6회 경기예술대상 (문학, 1994년)

· 문화체육부 제정 / ’96 문학의 해 유공자 표창 (1996년)
· 성남예총 제정 / 제9회 성남예술대상 (1996년)
· 한누리미디어 제정 / 제1회 한누리문학상 (1998년)
· 한국예총 제정 / 제14회 한국예총예술문화상 (2000년)
· 한국문협 경기도지회 제정 / 제9회 경기문학대상 (2000년)
· 경기도 제정 / 제41회 경기도문화상 (문학, 2002년)
· 김포시 제정 / 제1회 중봉문학상 (2007년)
· 여주시 제정 / 제5회 류주현문학상 (2009년)
· 한국문협 제정 / 제2회 한국문학인상 (2016년)
· 한국소설가협회 제정 / 제42회 한국소설문학상 (2017년)

바람에 날려도

초판 1쇄 인쇄 · 2021년 9월 22일
초판 1쇄 발행 · 2021년 9월 27일

지은이 · 김 건 중
펴낸이 · 윤 영 희
주 간 · 이 현 실

발행처 · 도서출판 동행
출판등록 · 제2-4991호

주소 · 서울시 중구 충무로7길(난빌딩)
편집부 · (02) 2285-0711 2285-2734
팩 스 · (02) 338-2722

정가 10,000원

ISBN 979-11-5988-022-3

* 이 책은 성남시 지방보조금 지역예술인창작활동지원금 일부를 받아 제작하였습니다.